D1723623

Für Henry

Von der Alten Bürg zum Eisbrunn

Impressum

Herausgeber	Druckerei und Verlag Steinmeier GmbH
Autor	Dr. Wilfried Sponsel
Layout und Satz	dot_agentur, Matthias Schröppel
Lektorat	Günter Lemke
Herstellung	Druckerei und Verlag Steinmeier GmbH
Umschlag	Hintergrund: F. Weinberger, Alte Bürg 1864, Stadtarchiv Nördlingen
	Foto Eisbrunn: M. Schröppel
	Rückseite: Arnulf Häffner, Postkartenausschnitt

© 2007

1. Auflage 2007, Von der Alten Bürg zum Eisbrunn

ISBN 978-3-939777-21-2

Von der Alten Bürg zum Eisbrunn

Wilfried Sponsel

Vorwort

Im Jahre 1954 veröffentlichte der Nördlinger Stadtheimatpfleger Gustav Adolf Zipperer ein lesenswertes und vor allem sehr informatives Büchlein mit dem in Form einer Frage formulierten Titel *„Goscht mit?"*. Zipperer gab mit diesem heute leider vergriffenen Werk seinen Lesern einen Leitfaden in doppelter Hinsicht an die Hand: einen Wanderführer *und* einen Führer zu den am Wegesrand liegenden kulturhistorischen Besonderheiten. Mit anderen Worten: Der Autor forderte seine Leser dazu auf, wandernd die Heimat zu erforschen und dabei ihre Naturschönheit, aber auch den Reichtum an Kulturgütern zu erfahren.

Diese nun über 50 Jahre alte Idee Gustav Adolf Zipperers, das Wandern mit historisch Wissenswertem zu verbinden, wird im Grunde genommen in unserer Zeit wieder entdeckt. Viele Menschen suchen heute, abseits des Verkehrslärms und der Alltags-hektik, das Naturerlebnis *und* das geistige Erlebnis. Das Ries und seine Randgebiete erfüllen diese Bedürfnisse in hohem Maße – dem möchte das vorliegende Buch Rechnung tragen. Auf dem Weg *„Von der Alten Bürg zum Eisbrunn"* gilt es nicht nur, die einzigartige Landschaft des südwestlichen Rieses zu erkunden, sondern auch Halt zu machen an den sozusagen am Wege liegenden Kulturgütern. *„Goscht mit?"* fragt auch der Autor dieses Buches, indem er ganz bewusst den Gedanken Gustav Adolf Zipperers aufnimmt, weil er davon überzeugt ist, dass so mancher Leser und Wanderer viel Neues und auch Wissenswertes bei dieser Erkundung erfahren wird.

Schließlich aber gilt es noch Dank zu sagen all denjenigen, die dazu beigetragen haben, dass das Buch in der vorliegenden Form fertiggestellt werden konnte: Frau Susanne Faul, Herrn Günter Lemke und Herrn Otmar Götz sowie dem Heimatverlag Steinmeier und Herrn Matthias Schröppel.

Dr. Wilfried Sponsel
Nördlingen, im Oktober 2007

*Bei der Alten Bürg
Foto: Fritz Steinmeier*

Alte Bürg

Auf einem bewaldeten
Hügel am Rand der
Schwäbischen Alb –
südwestlich von
Nördlingen – liegt in
unmittelbarer Nähe zur
gleichnamigen Wald-
gaststätte die *Alte Bürg*.

Altebürg.

Friedrich Weinberger,
Altebürg, 1864
Stadtarchiv Nördlingen

Die Lage
der Alten Bürg

Die *Alte Bürg* wurde unter dieser Bezeichnung bereits 1274 erwähnt. Der Ausdruck „*Alte Bürg*" legt nahe, dass es sich schon damals um eine aufgelassene Burgstelle gehandelt haben muss. Freilich weiß man über die Vorgeschichte der Burganlage sehr wenig. Wer hier wohnte und wann genau die Anlage dem Verfall preisgegeben wurde, liegt im Dunkel der Geschichte. Es spricht jedoch einiges dafür, dass die Anfänge der Anlage im 12. Jahrhundert liegen dürften. Den Bau einer Burg gerade an dieser Stelle kann man mit der einstigen Straßenführung in Verbindung bringen: Von Utzmemmingen führte eine Straße durch das Maiental nach Schweindorf, und in unmittelbarer Nähe der Alten Bürg gab es eine weitere Verbindung von Ederheim nach Trochtelfingen.

Rieskarte,
1738 (Ausschnitt)
Stadtarchiv Nördlingen

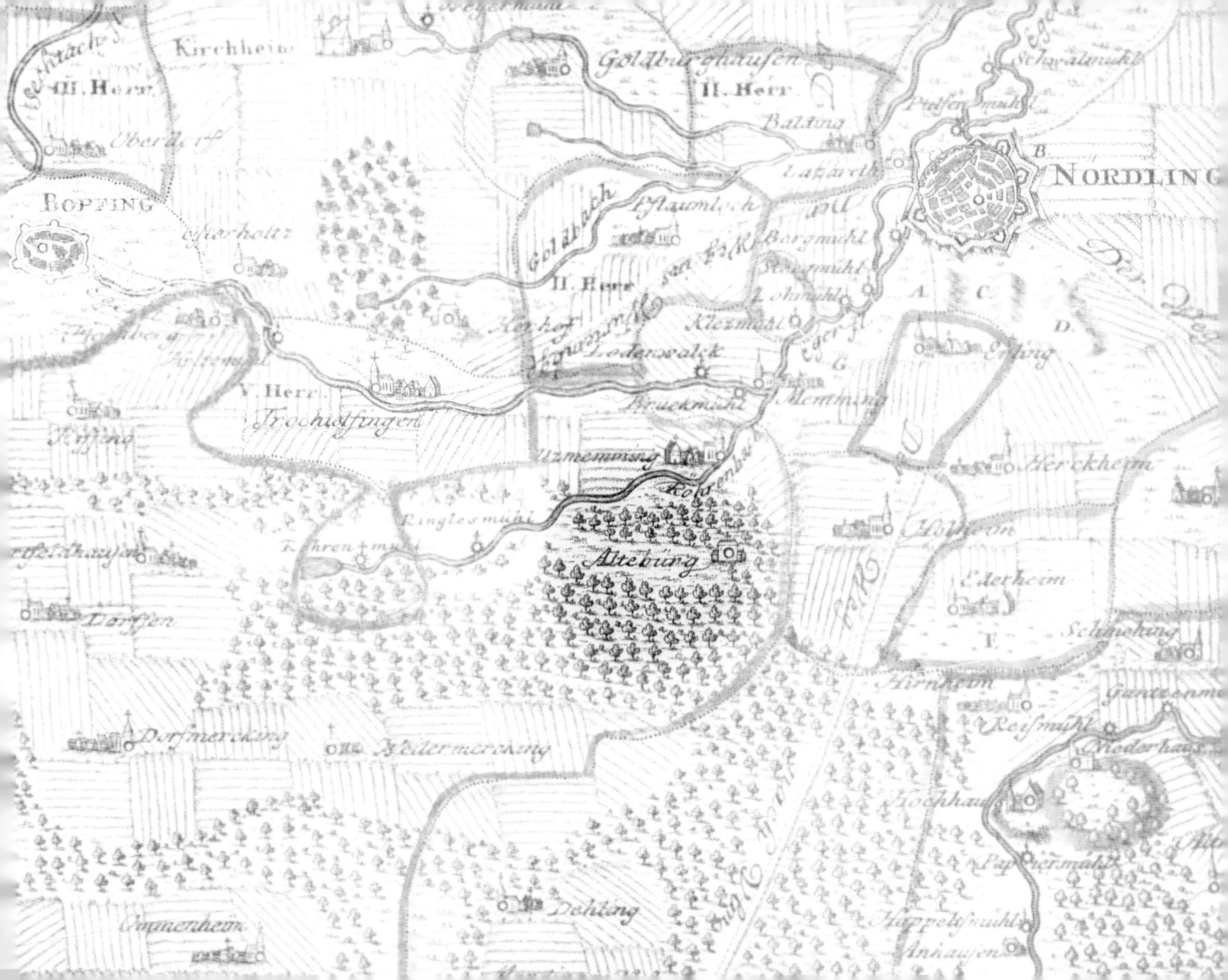

III. Herr — Kirchheim — Goldburghausen — II. Herr — Schwalmukl

Pfeifermuhl — Oberdorf — Balding — NORDLINGEN — B

Lazareth

ROPPING — Osterholtz — Goldbach — Pflaumloch — Bergmuhl

II. Herr — Stegmuhl — A. ohmuhl — A. C. D.

Herhof — Klezmuhl — Eger fl. — Erting — G.

V. Herr — Lederwalck — Bruckmuhl — Memming — Herckheim

Trochtelfingen — Uzmemming — Kotzenhau — Holheim

Ringlesmuhl — Alteburg — Ederheim

Ripping — Fahren muhl — Hirnheim — Schmehing — Guntzenhm

Dorffen — Reismuhl — Niederhau

Dorfmercking — Ybdermercking — Hochhau — Pappiermuhl

Ommenheim — Dehling — Huppelsmuhl — Anhausen

Besitz-
verhältnisse

Belegt ist, dass die Anlage 1274 im Besitz der Grafen von Oettingen war. Die Grafen Ludwig V. und Konrad III. von Oettingen verkauften in diesem Jahr das *„castrum dictum urbs antiqua in Holhaim"* – das heißt: befestigter Ort, genannt alte Burg in Holheim – mit Hof und Weihern an Äbtissin und Konvent zu Zimmern, also dem heutigen Klosterzimmern. Das Kloster Deggingen veräußerte 1280 eine Wiese *„ad antiquam urbem"*. 1318 veräußerte das Kloster die *„curia dicta Altenburck"*, also den Hof *Altenbürg*, auf dem Tauschwege an Hermann und Herdegen von Katzenstein, die ihn 1365 an Götz Ainkürn und

Johann Heinrich Dauer,
Die Alte Bürg, um 1844
Stadtarchiv Nördlingen

Urkunde über den Verkauf
der Alten Bürg an das Spital
in Nördlingen im Jahre 1411
Stadtarchiv Nördlingen

Fritz Töter aus Nördlingen um 800 Pfund Heller weiterverkauften. 1409 „widerlegten" Hainrich Töter, Bürger zu Nördlingen, und seine Gemahlin Katherina den ihnen von der Stadt Nördlingen geliehenen Geldbetrag mit einer Reihe von Gütern, unter anderem auch mit der Alten Bürg. Zwei Jahre später, 1411, verkauften dann Hainrich und Katherina Töter die Alte Bürg mit Zubehör an das Spital Nördlingen, bei dem sie dann 240 Jahre verbleiben sollte. 1651 veräußerte das Spital die Alte Bürg an Johann Heinrich Welser, dessen Witwe Maria Elisabetha die Anlage 1664 wiederum an das Spital in Nördlingen verkaufte. Ein Jahr später, also 1665, veräußerte das Spital die Alte Bürg mit Zubehör, d.h. mit Burgstall, Haus, Städel, Gärten, Weihern, Wiesen und weiterem Grund und Boden an Graf Wolfgang IV. von Oettingen-Wallerstein. Während dieser oettingischen Zeit war auf dem Gelände auch ein Jagdhaus errichtet worden. Die gesamte Anlage, die *„fürstliche Domäne Alte Bürg"*, blieb nun bis 1926 beim Fürstlichen Haus Oettingen-Wallerstein, ehe sie – mit Urkun-

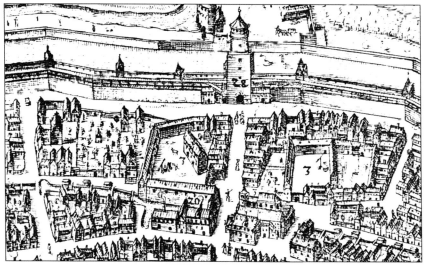

Andreas Zeidler, Nördlingen aus der Vogelperspektive, 1651 (Ausschnitt). Die Ziffer 3 bezeichnet das Areal des Spitalbezirks. Die Baldinger Straße trennt das im Jahre 1233 erstmals urkundlich erwähnte Nördlinger Spital in einen ökonomischen Teil mit Bäckerei, Mühle, Stallungen und weiteren Gebäuden sowie in einen geistlich-karitativen Teil mit der Spitalkirche. Stadtarchiv Nördlingen

de vom 7. Januar 1926 – auf dem Tauschwege Eigentum der Vereinigten Wohltätigkeitsstiftungen Nördlingen wurde. Die Tauschobjekte waren das *„Hofgut Altebürg"*

*Johannes Müller, Die Alte
Bürg, um 1790 (Ausschnitt)
Stadtarchiv Nördlingen*

und die Teilfläche „*Oberer Bopfinger*" gegen die Stiftungswaldabteilungen „*Sommerhof*" und einer Teilfläche der Abteilung „*Bäuerlesholz*" mit einer kleinen Spitze der Abteilung „*Ohrenberg*". Die Alte Bürg gehört heute noch den Vereinigten Wohltätigkeitsstiftungen.

Nach einer Beschreibung aus dem Jahre 1787 bestand die Alte Bürg aus folgenden

Wappen des Fürstlichen Hauses Oettingen-Wallerstein

Wappen der ehemals Freien Reichsstadt Nördlingen

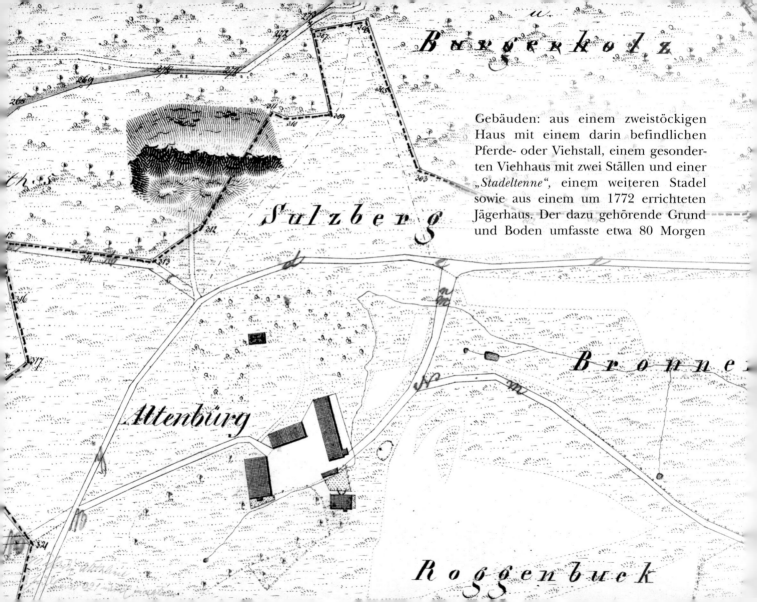

Gebäuden: aus einem zweistöckigen Haus mit einem darin befindlichen Pferde- oder Viehstall, einem gesonderten Viehhaus mit zwei Ställen und einer „Stadeltenne", einem weiteren Stadel sowie aus einem um 1772 errichteten Jägerhaus. Der dazu gehörende Grund und Boden umfasste etwa 80 Morgen

Äcker, 30 Tagwerk Wiesen, eineinhalb Tagwerk Weiher und 40 Morgen Egert (Grasland bzw. Brache).

In der Beschreibung wird darüber hinaus auch die alte Kapelle auf dem Berg genannt. Für das Jahr 1847 ist ein ähnlich umfangreicher Gebäudebestand überliefert; außer der Kapelle das Wohnhaus mit eingebauten Stallungen, Backofen, Scheuer, Vieh- und Schafstall, Schweinestall und das schon oben erwähnte Jägerhaus.

In der Beschreibung des Oberamtes Neresheim aus dem Jahre 1872 wird die Alte Bürg (Altenbürg), die damals noch dem Fürstlichen Hause Oettingen-Wallerstein gehörte, folgendermaßen geschildert:

Gemarkungskarte
Utzmemmingen 1830
N. O. XXX. 89
(Ausschnitt)
Stadtarchiv Nördlingen

„Die Altenbürg liegt ½ Stunde südlich vom Mutterort (Utzmemmingen), still und verborgen in dem engen, tiefen Thälchen des hier entspringenden Maienbaches. Der Hof ist Eigenthum des Fürsten von Oettingen-Wallerstein und besteht aus einem sehr ansehnlichen Wohnhaus nebst großartigen Oekonomiegebäuden und einem ehemaligen Försterhaus … Östlich vom Ort lag ein großer, jetzt in Wiesengrund umgewandelter See, an dem eine Ölmühle stand. Zunächst an dem Hof erhebt sich ein runder, schön geformter, bewaldeter Hügel, auf dem eine Burg gestanden haben soll…"

Burghügel der Alten Bürg, links der tiefe, künstlich geschaffene Halsgraben, der den Burgbereich vom alten Bergrücken abtrennt. Foto: Hartmut Steger

Die zuvor genannte Urkunde vom 7. Januar 1926 markiert den Endpunkt längerer Verhandlungen zwischen Nördlingen und dem fürstlichen Haus. So kann der Verwaltungsbericht der Stadt Nördlingen schon für das Jahr 1925 feststellen: *„Das ehemalige fürstlich öttingen-wallerstein'sche Hofgut ‚Alte Bürg' hat die Stadt im Tauschwege*

erworben. Die zugehörigen Grundstücke wurden vom Stadtbauamt vermessen und aufgeteilt. Im Erdgeschoß des Hauses ist eine ‚Waldschenke' eingerichtet worden. Im Obergeschoß des Hauses ist der städtische Forstaufseher untergebracht, das Forsthaus in Ederheim und das Forstdienstgebäude in Utzmemmingen wurden verkauft. Die an das Wohnhaus anschließenden Stallungen sind umgebaut worden und werden nun zum Teil als Unterkunftsraum, zum kleineren Teil als Stallung durch den Forstaufseher verwendet. Das Äußere des Gebäudes musste einer gründlichen Instandsetzung unterzogen werden."

Als Gründungsjahr der Wirtschaft bei der Alten Bürg kann somit das Jahr 1925 angesehen werden. Erste Pächterin war Marie Holzinger. Auf sie folgte 1929 Anna Heuberger. Maria Holzinger betrieb offensichtlich auch einen Warenhandel mit „hiesigen Geschäftsleuten". 1929 erklärte der Stadtrat in seiner Sitzung am 7. Januar, dass er damit einverstanden sei, wenn „…der Wirtschaftsbetrieb auf der Altebürg in der einfachsten Weise durch Verabreichung von Bier und Brot mit Wurst oder Käse und von Kaffee mit einfachem Kuchen geführt wird. Die Verabreichung warmer Speisen wird nicht für notwendig erachtet".

Das Bier lieferte damals – ab 1. April 1929 – die Lammbrauerei, „da die zum Zuge kommenden Brauereien Lettenmeyer und Meyer auf die Bierlieferung verzichtet haben".

Die Altebürg.

Wo Nördlingen, die alte Stadt
Dereinst den Trass gegraben hat,
Der zu der Kirche gab den Stein,
Da ist ein Plätzchen, traut und fein.

Die Altebürg nennt man den Fleck'
Ein Höflein liegt dort im Versteck;
Im stillen Tal, am Waldessaum
Schlief es bisher den Märchentraum.

Und droben in dem Baumgewog
Ein Klausner einst ein Glöcklein zog,
Das von dem Kirchlein grau und alt
Erklang gar weithin durch den Wald.

F.M. 30.9.27
(Friedrich Mötzel).

Friedrich Mötzel,
Gedicht auf die Alte Bürg,
1927

Die frühere Burganlage

Heute weiß man, dass hier tatsächlich einmal eine Burg gestanden hat. Von der ehemaligen Burganlage ist jetzt aber außer Burghügel und Erdwällen nicht mehr viel zu sehen.

Auf Grund der Ausgrabungen des Nördlinger Apothekers und Prähistorikers Ernst Frickhinger in den Jahren 1934/35 sind Umfang und Raumaufteilung der Burg jedoch gut zu rekonstruieren.

Kurzbiographie Ernst Frickhinger

Der Apotheker und Prähistoriker Ernst Christoph Frickhinger wurde am 3. Oktober 1876 in Nördlingen geboren. Er verstarb am 10. Oktober 1940 in seiner Heimatstadt Nördlingen, wo er im Familiengrab auf dem Emmeramsberg seine letzte Ruhe fand.
Ernst Frickhinger gilt als der Begründer des „Vor- und Frühgeschichtlichen Museums mit geologischer Sammlung Nördlingen" und machte sich durch seine prähistorischen Forschungen und Grabungen sowie deren Veröffentlichungen einen international bekannten Namen. 1933 wurde er Ehrenbürger der Stadt Nördlingen.

Foto: privat

Eberhard Wilhelm Doppelmayr, Die Einsiedelei auf der Alten Bürg, 1808
Stadtarchiv Nördlingen

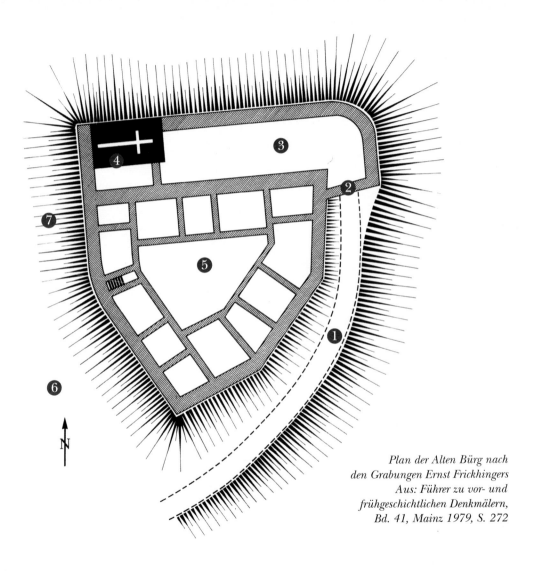

Plan der Alten Bürg nach
den Grabungen Ernst Frickhingers
Aus: Führer zu vor- und
frühgeschichtlichen Denkmälern,
Bd. 41, Mainz 1979, S. 272

Die Burgkapelle St. Hippolyt, Foto: Alex Müller, Nördlingen

Der einstige Zufahrtsweg (1) ist heute noch erhalten. An der Nordostecke führte ein Tor (2) in die Vorburg (3), welche eine starke Mauer von der Hauptburg (5) abtrennte. An diese Mauer und an die Ringmauer lehnten sich um einen Innenhof 14 Räume an, deren ursprüngliche Funktion jedoch nicht mehr zu rekonstruieren ist. Der stattliche Gebäudekomplex hatte die

Der hl. Hippolyt, farbig gefasste spätgotische Skulptur Stadtmuseum Nördlingen

Maße von ca. 35 x 40 Metern. Die Burg wurde von einem Halsgraben (6) und einem Wall (7) umgeben, deren Reste heute noch zu sehen sind

In der Nordostecke des Burghügels steht der einzige heute noch erhaltene Bau der Burganlage, die spätromanisch-frühgotische, dem heiligen Hippolyt, einem römischen Märtyrer des 4. Jahrhunderts, geweihte Kapelle (4). Es handelt sich dabei um einen einfachen, rechteckigen Bau mit Tür- und Fensteröffnungen auf der Süd- und Ostseite. Über dem Eingang ist das flache Relief eines mit fünf Scheiben belegten Kreuzes zu sehen. Darüber befindet sich ein menschlicher Kopf mit Zopf, der in einem Kleeblatt endet. Gustav Euringer wusste, dass das Zeichen Y auf dem romanischen Kreuz über dem Eingang die Abkürzung von Yesus (= Jesus) ist.

Nach Euringer befand sich auf der Rückseite des Altares ein Vermerk des fürstlichen Baurates Leopold, demzufolge die Kirche im Jahre 1230 geweiht worden sein soll. Das Innere der Kirche ist ebenfalls sehr einfach gehalten, überraschend stark ausgeprägt ist demgegenüber das Kreuzrippengewölbe im Chor. An den Wänden des Chorraumes schimmern an vielen Stellen die einzelnen Schichten von Fresken und Rötelzeichnungen hervor. Während die Rötelzeichnungen dem frühen 17. Jahrhundert zugerechnet werden können, ist das Alter der Fresken nur ungefähr zu datieren. Erst genauere Untersuchungen können bestätigen, ob sie – wie vermutet – dem ausgehenden Mittelalter zuzuordnen sind.

Gustav Euringer hielt diesbezüglich lediglich fest: „Die zwei Konsolen der Rippen des Kreuzgewölbes waren wohl einst beide verziert. Der r(echte) s(üdliche) hat noch seinen alten Schmuck von Kreuzen und Blattornamenten behalten, während der l(inke) n(ördliche) zum Weihwasserbecken

umgewandelt wurde. Das Schiff besitzt eine flache Holzdecke und zeigt gegen S(üden) eine Mauerdicke von 1,10 m.“

Zahlreiche Konsolen verweisen auf die einstige Ausstattung mit Holzskulpturen. Die einst hier befindlichen Figuren des heiligen Hippolyt in Plattenrüstung und Mantel aus dem 15. Jahrhundert sowie aus dem 15./16. Jahrhundert Christus als Weltenherrscher mit den 12 Aposteln werden heute im Stadtmuseum in Nördlingen aufbewahrt.

Gustav Euringer bemerkt zu dieser Kirche Folgendes: *„Die innere Ausstattung scheint aus der Barockzeit zu stammen. Der jetzige hübsche Hochaltar trägt das Allianzwappen Graf Oe.-Wallerstein & (1661) Graf Wolkenstein. Auf dem Altar die neugefaßte, aber alte Holzfigur des Kirchenpatrons S. Hippolyt als geharnischter Ritter. Oben Maria Krönung und am Chorbogen eine Kreuzigungsgruppe. Auf Konsolen an den Wänden die geschnitzten, dem niederen Raum entsprechend kurzen, gedrungenen Figuren Christus und der Apostel.“*

Überschlag des Malers Johann Jacob Prenner für den Altar der Burgkapelle, 1682 Fürstlich Oettingen-Wallerstein'sches Archiv Harburg

Nutzung – einst und jetzt

In der Reformationszeit vereinte Nördlingen die Alte Bürg mit der protestantischen Pfarrei Schweindorf. Mit dem Erwerb seitens des katholischen Hauses Oettingen-Wallerstein 1665 wurde diese Verbindung aufgehoben und stattdessen die Alte Bürg an die Pfarrei Utzmemmingen gegeben, deren Pfarrer wöchentlich einmal hier eine Messe las. Für das Jahr 1714 beispielsweise ist belegt, dass der Pfarrer David Baur zu Utzmemmingen und Pflaumloch verpflichtet wurde, öffentlich in der Kapelle auf der Alten Bürg eine Messe zu lesen. In dieser Zeit besuchten zahlreiche Wallfahrer den idyllischen Winkel, insbesondere aber am 13. August, dem Fest des heiligen Hippolyt. Fiel das Fest auf einen Werktag, so wurde es auf den darauf

Das Hauptgebäude mit angebautem Nebenhaus und die Sommerhalle
Foto: Stadtarchiv Nördlingen

folgenden Sonntag verschoben. Am Sonntag, den 14. August 1678 kommen aus zahlreichen Orten des Rieses über 1.000 Menschen mit Kreuz und Fahnen auf die Alte Bürg. In der Kapelle, aber auch an zwei im Freien aufgestellten Altären wurden Messen gelesen. 543 Personen empfingen die Kommunion. Als im 18. Jahrhundert die Zahl der Wallfahrer zurückging, verlieh Papst Innocenz XII. am 24. März 1698 denjenigen, die am Patronatsfest hier ihre Andacht begingen, einen vollkommenen Ablass. Dennoch verloren die auswärtigen Prozessionen immer mehr an Attraktivität. Nur die Gemeinde Utzmemmingen machte noch jedes Jahr einen Bittgang zur Alten Bürg. Da halfen auch alle Bemühungen nicht, am Fest des heiligen Hippolyt Bier auszuschenken und Speisen anzubieten.

Die Kapelle wurde zusehends baufällig, so dass man schon über ihren Abriss nachdachte. Prinz Karl zu Oettingen-Wallerstein (1796–1871) verhinderte dies jedoch und ordnete die entsprechenden Baumaßnahmen an. Unter Fürst Karl (1877–1930) wurde die Kapelle noch einmal gründlich restauriert.

Länger als die Wallfahrt hielt sich die Einsiedelei, die seit 1695 hier bestand. Damals bat Melchior Regelen von Fremdingen um die Erlaubnis, auf der Alten Bürg eine Klausur errichten zu dürfen. Seine Bitte wurde ihm gewährt. Im Jahre 1726 erfolgte der Neubau der Eremitage. In unmittelbarer Nähe zur Kapelle stand ein mit einem „Wurzgärtchen" versehenes Häuschen, in dem der Eremit wohnte. Dieser wurde von der Regierung in Wallerstein dem „Offizio" in Augsburg präsentiert und nach seiner Aufnahme in den Dritten Orden der Franziskaner vom Kastenamt Flochberg in seine Klause eingeführt.

Eberhard Wilhelm (?) Doppelmayr,
Die Alte Bürg, 1810
Stadtarchiv Nördlingen

Wenn Messen gelesen wurden, hatte er die Aufgaben eines Mesners zu versehen. Außerdem musste er zum Abend- und Frühgebet die Glocke läuten. Wurde er ursprünglich hauptsächlich mit Naturalien entlohnt, so erhielt er später von seiner Herrschaft einen Geldbetrag.

Unsicher ist, ob der bereits 1315 in einer Urkunde genannte *„bruder Hainrich von der Altenbürck"* schon ein Eremit auf der Alten Bürg gewesen ist. Nach Anton Diemand lebten hier folgende Klausner:

In der neuen Eremitage wohnten anfangs zwei Eremiten, später nur mehr einer. Die Eremiten waren:

1726 Bruder Felix und Leopold Hofmann.

1732 Bruder Felix und Sebastian Ruf, Bürger und Hafner zu Neresheim, † 1757.

1763 Felix Hofmann.

1765 Felix Jäger.

1776 Bruder Dositheus (sonst Paul Meyer genannt), † 1781,

1781/82 Simon Neukam.

1782 Balthas Mordstein (war vorher Waldbruder in Tapfheim), zog 1796 wieder ab.

1793 Anton Zett, gewester Storchenwirt in Neresheim, † 28. Dez. 1804.

Der letzte Einsiedler war Egidius Thum von Birkhausen, welcher den Kelch der Kapelle stahl und deswegen im Jahre 1811/12 in Untersuchung gezogen wurde.

Die Klause wurde noch einige Zeit an arme Leute als Wohnung überlassen und endlich (ums Jahr 1830) abgebrochen.

Im 19. Jahrhundert wurde die Alte Bürg verschönert und zu einer parkähnlichen Anlage ausgebaut, wie es wiederum in der Beschreibung des Oberamtes Neresheim heißt: „Zu dem Hügel führen hübsch angelegte, mit Sitzen versehene Wege, die sich wie durch einen Garten um den Hügel bis zu dessen Kuppe schlängeln; es ruht eine besondere Stille und Anmuth auf dieser Stelle, die deshalb auch häufig von Fremden, namentlich von den Nördlingern besucht wird."

Heute sind von dieser parkähnlichen Anlage leider nur noch wenige Reste erhalten. Die Stadt Nördlingen bemüht sich in Zusammenarbeit mit dem Landesamt für Denkmalpflege Baden-Württemberg, den weiteren Verfall der „Terrassen" durch entsprechende Renovierungs- und Sicherungsmaßnahmen zu stoppen.

In den Jahren 1993/94 wurden die Gebäude der Alten Bürg – mit Ausnahme des Stadels – grundlegend saniert und renoviert. Im Jahre 2006 konnten dann die Renovierungsarbeiten an dem wohl aus dem 16. Jahrhundert stammenden Stadel weitgehend abgeschlossen werden. Seither sind insbesondere das schadhafte Mauerwerk erneuert und der Dachstuhl gesichert. Vorgesehen ist, in diesem Gebäude eine Informationstelle des Geoparks Ries, des ersten Nationalen Geoparks in Bayern, einzurichten. Auch die Außenrenovierung der Kapelle war Ende 2006 abgeschlossen. Die Innenrenovierung begann im Frühjahr 2007.

Geopark Ries

Der Geopark Ries ist der erste Nationale Geopark Bayerns. Er umfasst mit einer Fläche von 1800 Quadratkilometern das Kraterbecken und das Gebiet der Auswurfmassen. Im Geopark liegen 53 Gemeinden aus fünf Landkreisen, sechs davon im Bundesland Baden-Württemberg. Der Besucher findet hier: geologische Phänomene, geologische Lehrpfade, Infozentren und Infostellen, landschaftliche Einmaligkeiten, archäologische und kulturhistorische Stätten.

Der Steinbruch Alte Bürg

Blick in den Steinbruch Alte Bürg
Foto: Hartmut Steger

Der in unmittelbarer Nähe zum Burghügel gelegene Steinbruch wurde wohl schon im hohen und späten Mittelalter genutzt. Es spricht manches dafür, dass der hier abgebaute Suevit oder Schwabenstein, eine beim Meteoriteneinschlag vor 14,7 Millionen Jahren entstandene Gesteinsart, für den Bau der Burgen Hoch- und Niederhaus im Christgartental, aber auch für den Bau der St.-Georgs-Kirche in Nördlingen (1427–1505) verwendet wurde.

Die unmittelbar am Wegrand aufgeschichteten Steinblöcke könnten dann als Laderampe für die gebrochenen Steinblöcke gedeutet werden. Dipl. Geologin Gisela Pösges vom Rieskrater-Musem beschreibt den Steinbruch folgendermaßen:

Der Steinbruch Altebürg liegt ca. 1 km innerhalb des südwestlichen Kraterrandes und gehört zu den alten „klassischen" Steinbrüchen der Riesgeologie.

Er ist aus zweierlei Gründen von historischer Bedeutung: zum einen wurde der hier anstehende Suevit als Baumaterial für die St.-Georgs-Kirche und ihren 90 m hohen Turm, den „Daniel", sowie andere

historische Ge-
bäude in Nörd-
lingen verwendet,
zum anderen galt
dieser Steinbruch bis
1960 als Referenz-Stein-
bruch für die Theorie von der
vulkanischen Entstehung des Nördlinger
Rieses.

Die ca. 20 m hohe Nordwand des Stein-
bruchs schließt stark verwitterten, gelb-
lich-grüngrauen Suevit auf. An der
Ostseite (rechts) wird der Suevit fast ver-
tikal von Bankkalken mit eingeschalteten
Mergeln des Malm Gamma (Weißjura)
begrenzt, während das Kontaktgestein
an der Westseite (links) aus teilweise
brecciierten Schwammkalken des Weiß-
juras besteht.

Diese Lagerungsverhältnisse des Suevits
wurden bis 1960 als Vulkanschlot gedeutet, der die vulkanische Entstehung des
Rieskraters bestätigen sollte. In Analogie

dazu wurde die-
ser Suevit als
„Schlottraß" be-
zeichnet. Erst der
Nachweis der Quarz-
Hochdruckminerale Coesit
und Stishovit widerlegte die
Vulkantheorie und bestätigte die Impakttheorie. Coesit und Stishovit bele-
gen diese Vorstellung und gelten als
„Fingerabdrücke" des kosmischen Ge-
schosses (ca. 1 km Asteroid), das vor ca.
15 Millionen den Rieskrater schuf.
Damit wurde die Vorstellung bestätigt,
dass der Suevit eine unter hohen
Temperaturen und Drücken – die ty-
pisch für solche Einschlagsprozesse sind
– entstandene glasführende Impakt-
breccie (impact, engl. = Einschlag) ist.

Die „Altebürg" liegt in der sog. Mega-
blockzone, die sich zwischen innerem
und äußerem Kraterrand befindet.
Heute geht man davon aus, dass die hier

Stereobild vom Steinbruch Alte Bürg, um 1910
Stadtarchiv Nördlingen, Fotosammlung Joh. Kellermann

aufgeschlossenen Weißjura-Kalke beim Einschlag zerrüttet, dorthin bewegt und direkt mit heißem Suevitmaterial aufgefüllt wurden. Das wird deutlich an den steilen Kontakten des Suevits zu den umgebenden Weißjura-Kalken, die sonst nicht erhalten geblieben wären. Interessanterweise beobachtet man am Kontakt Suevit/Kalkgestein sog. Frittungserscheinungen, die auf thermische Beeinflussung (Wärme) zurückzuführen sind.

Zudem sind die Kalke z. T. intensiv zertrümmert (monomikte Brecciierung, die als sog. Mörteltextur bezeichnet wird). Zahlreiche Bohrungen, die in den Steinbruchuntergrund abgeteuft wurden, erreichten alle nach durchschnittlich 15 m Suevit die unterlagernden Bunten Trümmermassen und teilweise sogar den anstehenden Weißjura-Kalk und bestätigten auf diese Weise die „Impakttheorie".

Von der Alten Bürg zur Waldschenke Eisbrunn

NOERDLINGEN

Pflaunloch

Trochteltingen

Flochberg

Berg M

Boeg M

Kleinerdlingen

Grofsel...

Untern M

Utzmemingen

Holheim

Herkheim

unter Reimlingen

Altenbürg

Ederheim

1634

Beien M

Schmähingen

Hirnheim

die Höll
die Höflnerin

Weileranhaufsen
Papier M

Karthäufer-Höfe

oder Christgarden

Hochhaus

Niederhus

Reis M

Voch

fron M
ganzen M
mühlenhof

Nieder
Altheim

hohen Altheim

Carlshof

Mördingerhöfe

Schweindorf

Forheim

Raid M

KARTE
von
der Gegend im Riess
durch
welche die gewaltigen Hagelwetter
am 18 July 1824 zogen
in
Beziehung auf die daselbst errichteten
Hagelableiter.

Deiningen

Kriegsthof

Dorf
Allerheim
Schlofs

Rudolstatten
Wenen M.
Anhauserhof

Wörnizostheim

Katzenstein
Sonderhof.
Lachhof

Enkingen
Appetshofen
Herol dingen
Rauheim
Bühlhof
Stetthof

Möttingen
Lierheim
Eger M.
Harthof
Listhof

Ober M.
Hoppingen
Kratzhof

Johnles M.

Zisimgen
Klein
Grofs
Sorheim
Marbach

Cl. Deggingen
6

7
HARBURG
Statelhof
Eisbrunn
unter
Brense
ober

Schaffhaulsen
Elbermergen

1 Ederheim wird bereits in einem Güterverzeichnis des Klosters Fulda aus dem 8./9. Jahrhundert genannt. In der Zeit des hohen Mittelalters besaßen die Edelfreien von Hürnheim die Herrschaft über Dorf und Kirche. Am Ende des Alten Reiches hatte der Deutsche Orden den Großteil der Güter inne. An das einstige Schloss erinnert heute nur noch eine Straßenbezeichnung. Die sehenswerte evang. Pfarrkirche St. Oswald wurde während der Schlacht auf dem Albuch 1634 ein Raub der Flammen. Die heutige Kirche stammt aus der Mitte des 18. Jahrhunderts. Von der idyllisch gelegenen Talmühle aus gelangt man, dem Forstlehrpfad folgend, zum Hohlenstein, einer etwa 20 m tiefen Höhle.

Johannes Müller - B.F. Leizel,
Ederheim und Umgebung,
um 1790
Stadtarchiv Nördlingen

Karte Seite 34/35:
Karte von der Gegend im Riess..., 1824
bearb. Ausschnitt, Stadtarchiv Nördlingen

Kirche zu Hürnheim, 1825
Stadtarchiv Nördlingen

2 Die Edlen von Hürnheim mit ihrer südlich des Dorfes gelegenen Stammburg Niederhaus zählten im Mittelalter zu den mächtigsten Adelsfamilien des Südrieses. Im 13. Jahrhundert teilten sie sich in die drei Linien: Hürnheim-Niederhaus-Hochaltingen, Hürnheim-Hochhaus und Hürnheim-Rauhaus. Das Dorf Hürnheim kam an die Hochhäuser Linie, die 1347 ihre Burg Hochhaus an die Grafen von Oettingen verkaufte. Das Dorf blieb bis zum Ende des Alten Reiches oettingisch. Sehenswert ist die ev. Pfarrkirche St. Veit von 1756, aber auch das Fachwerkhaus (Gasthaus Sonne) in der Ortsmitte aus der 1. Hälfte des 18. Jahrhunderts.

3 Oberhalb des Ortes Hürnheim liegt der Albuch, am 5./6. September 1634 Schauplatz der denkwürdigen Schlacht bei Nördlingen. 33.000 Mann des kaiserlich-ligistischen Heeres standen damals dem etwa 25.000 Mann starken schwedisch-württembergischen Heer gegenüber. Die Schlacht endete mit der vernichtenden Niederlage des schwedischen Heeres, woraufhin sich auch die Stadt Nördlingen dem Feind ergeben musste.

4 Die Burg Niederhaus war der Stammsitz der Edelfreien von Hürnheim. 1597 veräußerte Cordula von Hürnheim Niederhaus an Graf Gottfried zu Oettingen-Oettingen. 1709 erwarb der Deutsche Orden die im 30-jährigen Krieg teilweise zerstörte Burg. Eine Gedenktafel erinnert an Friedrich von Hürnheim, der 1268 mit dem Staufer Konradin auf dem Marktplatz in Neapel enthauptet wurde.

Julius Heller,
Ruine Niederhaus, 1899
Stadtarchiv Nördlingen

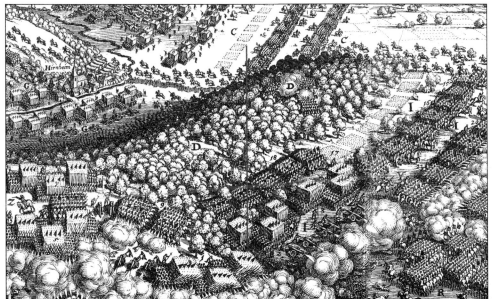

Matthäus Merian,
Die Schlacht bei Nördlingen,
1634 (Ausschnitt)
Stadtarchiv Nördlingen

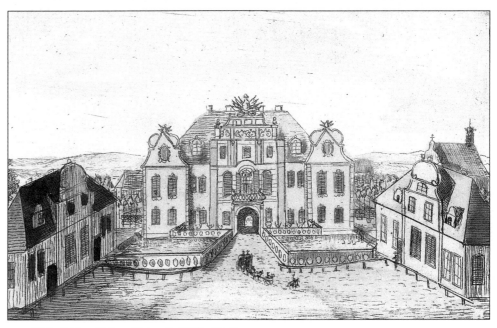

F.M., Schloss Hohenaltheim, 2. Hälfte 18. Jh.
Stadtarchiv Nördlingen

5 In unmittelbarer Nähe zum Weiler Niederaltheim liegt das Pfarrdorf Hohenaltheim, dessen St.-Johannes-Kirche schon von Weitem zu sehen ist. Dort oben tagte im September des Jahres 916 die von König Konrad I. einberufene Reichssynode bzw. Bischofskonferenz, die das schwache Königtum gegen die Stammes-fürsten stärken sollte. Das heutige Schloss wurde ab 1710/11 an der Stelle des Wasserschlosses der Herren von Altheim errichtet. Das Schloss ist Privatbesitz, erbaut wurde es von Fürst Albrecht Ernst II. von Oettingen-Oettingen als Sommerresidenz. Heute dient es der fürstlichen Familie Oettingen-Wallerstein als Wohnsitz.

Johannes Müller, Prospekte von Schlössern und Klöstern im Ries: „Das Kloster Deggingen",
um 1822
Stadtarchiv Nördlingen

6 Die ehemalige Benediktinerabtei Mönchsdeggingen ist das älteste Kloster im Ries. 1007 vermachte Kaiser Heinrich II. den Ort Deggingen dem Bistum Bamberg als Gründungsausstattung, 1016 übergab er auch das Kloster an das noch junge Bistum. Die Klosterkirche St. Martin mit ihren Deckenfresken, Altären und ihrer reichhaltigen Ausstattung zählt zu den schönsten Rieser Kirchen. Nicht umsonst wird die Kirche auch die „Wies" im Ries genannt. Eine Besonderheit ist die liegende Orgel aus dem Jahre 1693.

7 Von Eisbrunn ist es nicht mehr weit zur Harburg, einer der ältesten und größten Burganlagen Süddeutschlands. Wer vom „Bock" herab auf die Harburg zu wandert, sieht eine vieltürmige, mauerbewehrte Burg, die in ihrer langen Geschichte wohl mehrmals belagert, aber nie ernsthaft zerstört worden ist. Der Besucher findet hier Bausubstanz vom 12./13. bis zum 18. Jahrhundert vor. Auch die 1150 erstmals urkundlich erwähnte Harburg war und ist ein beliebtes Motiv für Maler und Fotografen. Unter den vielen Malern, die Harburg besucht haben, war auch Carl Spitzweg. Als er im Sommer 1858 durch Harburg kam, fertigte er in seinem Skizzenbuch drei Detailansichten an.

Heinrich Dauer,
„Die Harburg", 1853 (Ausschnitt)
Stadtarchiv Nördlingen

Waldschenke
Eisbrunn

Das Jahr 1834 ist das Gründungsjahr des Eisbrunn. Hintergrund für die damals errichtete Plantage und Baumschule war das Bestreben nach rationellen Kulturarbeiten in Anlehnung an ein Gutachten des königlich-sächsischen Professors und Kulturwissenschaftlers Heinrich Cotta.

Foto: Matthias Schröppel

Der Name Eisbrunn

So geläufig der Name „Eisbrunn" insbesondere den Einheimischen auch sein mag, bei genauerem Hinsehen gibt er doch einige Rätsel auf. Dass die Endsilbe „brunn" auf eine Quelle hinweist, ist zunächst naheliegend, gibt es doch in der Umgebung dieses Waldortes zwei Quellen. Die eine befindet sich im östlichen Teil des „Eisbrunn", die andere in unmittelbarer Nähe des heutigen Parkplatzes. Die Frage ist nun, ob sich die Bezeichnung „Eisbrunn" tatsächlich von einer der beiden Quellen ableitet, deren Wasser eben eisenhaltig sein müsste? Oder aber ist die Silbe „eis" ganz anders zu erklären? Für die letztere Annahme spricht die Tatsache, dass schon um 1600 in einem Archivale die Bezeichnung „Urleißbrunnen" auftaucht. Gemeint wäre dann der Austrieb des Viehs auf eine Weide, im vorliegenden Falle auf eine Waldweide mit einem Brunnen, da „Urleiß" eine alte Bezeichnung für eine Waldweide ist. Früher war es nämlich durchaus üblich, das Vieh zur Nahrungssuche auch in die Wälder zu treiben. So ist also die Vermutung nicht von der Hand zu weisen, dass sich aus der Bezeichnung „Urleißbrunnen" allmählich der Name „Eisbrunn" herausgebildet hat, nämlich der Brunnen in der Waldweide. Wenn dies so ist, dann ist die Deutung des Namens „Eisbrunn" als „Brunnen mit eisenhaltigem Wasser" nicht stichhaltig. Als in der ersten Hälfte des 19. Jahrhunderts die Parkanlage Eisbrunn gegründet wurde, war der Name „Eisbrunn" jedenfalls schon lange im Gebrauch und heute denkt niemand mehr daran, dass hier einst eine Waldweide gewesen ist.

Der Eisbrunn im Schnittpunkt der Gemeindegrenzen Großsorheim, Schaffhausen und Mauren, gezeichnet im September 1903 Fürstlich Oettingen-Wallerstein'sches Archiv Harburg

Foto Seite 44/45: Matthias Schröppel

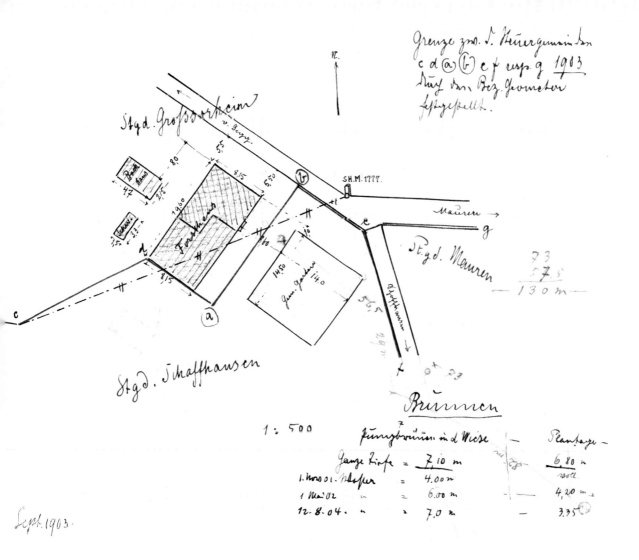

Der Forstort Eisbrunn

Die forsthoheitliche Organisation der oettingischen Wälder war im 16. und 17. Jahrhundert dadurch gekennzeichnet, dass die einzelnen Linien des Hauses Oettingen im Gebiet der jeweils anderen Linien Grund und Boden besitzen konnten. So unterstand der zur katholischen Linie Oettingen-Wallerstein gehörende Wald Eisbrunn forsthoheitlich der evangelischen Linie Oettingen-Oettingen.

Um 1600 erscheint der „Eisbrunn" mit einer Größe von ca. 31 Hektar zum ersten Mal in einem Archivale. Organisatorisch gehörte er damals zum gräflich oettingen-wallersteinischen Amt Unterbissingen.

Im Zuge der Neuorganisation der fürstlichen Forstverwaltung im 19. Jahrhundert wurde der Eisbrunn von dem 1819 gegründeten Forstamt Harburg verwaltet.

In der damals vorgenommenen Neueinteilung wurde das Oberforstamt Wallerstein die vorgesetzte Dienststelle der neu errichteten Forstämter Baldern und Harburg. Dem im Jahre 1832 zusätzlich eingerichteten Revier Deggingen wurde auch der Eisbrunn zugeordnet.

Diese Organisation blieb bis zum Jahre 1869 erhalten. Eine daraufhin erfolgende Neuorganisation unter Forstmeister Rudolf Compter brachte die Ablösung des Revierförstersystems durch das Oberförstersystem. Die Verwaltungseinheiten wurden nunmehr „Oberförsterei" genannt. Erster Oberförster des Amtsbereichs *Komplex VIII Deggingen"* wurde Karl Ferdinand Mayer, der Sohn des Forstmeisters Johann Gottfried Mayer, der dem Forstamt Harburg von 1819 bis 1865 vorgestanden war und der als der eigentliche Begründer der forstbotanischen Anlage des Eisbrunn gilt. Mayer jun. konnte in der Nachfolge seines Vaters auch die Pflege des Eisbrunn übernehmen, eine Aufgabe, die er bis zu seinem frühen Tod im Jahre 1870 im Alter von erst 48 Jahren wahrgenommen hatte. In diesem Jahr wurde das

Kurzbiographie Johann Gottfried Mayer

Johann Gottfried Mayer wurde am 31. August 1793 in Unterringingen geboren und verstarb am 3. Februar 1866. Er war der Großvater von Oskar Mayer, der es mit einem Metzgereibetrieb in Amerika zu einem Millionenvermögen gebracht und der 1925 mit einer Geldspende wesentlich zur Gründung der Nördlinger Knabenkapelle beigetragen hatte.

Nach dem Besuch der Volksschule in Mauren und einer zweijährigen Ausbildung am Forstinstitut Dristigacker in Sachsen-Meiningen war Johann G. Mayer ab 1813 Forstamtsschreiber in Wallerstein. Nach dem Tod des Vaters 1815 übernahm er die Verwalterstelle des Forstdistrikts Mauren. 1819 bis 1865 war er Forstmeister und Vorstand des fürstlichen Forstamtes Harburg. Mayer hatte sich stets um fortschrittliche Methoden der Waldbewirtschaftung bemüht.

In Mauren wuchs Johann Gottfried Mayer in dem nördlich des „Inselweihers" gelegenen Anwesen auf. Ausschnitt aus dem Flurplan N.W. XXX. 29 des Jahres 1849 Fürstlich Oettingen-Wallerstein'sches Archiv Harburg

Kinder im Forstgarten Eisbrunn im August 1933 (links), Foto: Erika Häffner

Fürstliche Jäger beim Fototermin, rechts Forstmeister Arnulf Häffner, Foto: Erika Häffner

Forstamt Mönchsdeggingen wieder hergestellt. Es bestand bis 1954. Der Eisbrunn gehörte diesem Forstamt ebenso an wie dem daraufhin errichteten Forstamt Harburg. Mit dem Tod Johann Gottfried Mayers endete die Instandhaltung der forstbotanischen Anlage Eisbrunn, die von nun an für mehrere Jahrzehnte nur noch als Waldort angesehen wurde und keine besondere Pflege mehr erhielt. Erst nach dem Ersten Weltkrieg erinnerte man sich wieder an die Idee des Gründers des Eisbrunn und richtete die einst geschaffenen Anlagen wieder her.

Eine von Forstmeister Arnulf Häffner
gestaltete Postkarte

Aus der Geschichte

Als Gründungsjahr des Eisbrunn gilt das Jahr 1834. Daran erinnert die Jahreszahl auf dem Gedenkstein in der Nähe des Parkplatzes. Die wenigsten Besucher dieser Waldidylle werden wissen, dass dieser Gedenkstein ursprünglich der Grabstein für Lisette Häffner war, die Gattin des fürstlichen Oberforstmeisters Rudolf Häffner. Der Stein trug die Aufschrift: *Lissy Häffner, Oberforstmeistergattin, 1870–1930.*
Nach dem Tod seines Vaters Rudolf Häffner am 27. April 1947 stiftete der Sohn Arnulf Häffner den Grabstein und ließ ihn 1948 zu einem Gedenkstein umformen in Erinnerung an das Gründungsjahr und an den fürstlichen Forstmeister Johann Gottfried Mayer als damaligen Vorstand und als den Begründer des Eisbrunn.

Der Vorstand des Forstamtes Harburg hatte hier 1834 eine Plantage sowie eine Baumschule und auf einem künstlich aufgeworfenen Hügel ein strohbedecktes Blockhaus errichtet. Hintergrund für diese Maßnahme war das Streben nach rationelleren Kulturarbeiten, wie das Gutachten des bedeutendsten Forstwissenschaftlers seiner Zeit, des königlich-sächsischen Professors Heinrich Cotta, Direktor der sächsischen Forstakademie, gefordert hatte. Cotta bereiste 1833 die fürstlichen Wälder und hielt seine Beobachtungen und Ratschläge in einem mehrseitigen Gutachten fest.

Für die Verwirklichung der darin festgehaltenen Vorschläge konnte der bereits genannte Johann Gottfried Mayer gewonnen werden, dem der von Deiningen über Harburg bis Kösingen reichende Bezirk des Forstamtes Harburg anvertraut war. Mayer begann schon bald mit den neuen Maßnahmen des Waldbaus, bei denen der Mittelwald innerhalb von ca. 35 Jahren auf ungefähr 20 Prozent der Waldfläche zurückgedrängt wurde. Schon seit den 1820er Jahren hatte Mayer begonnen, unter Ausnutzung der Buchelmastjahre buchenreiche Mittelwaldungen in Hochwald umzuwandeln. Nach 1833 widmete

er sich insbesondere dem Aufbau von gemischten Waldbeständen. In eigens errichteten Plantagen und Pflanzgärten wurden die dazu notwendigen Pflanzen herangezogen, wobei die Plantage Eisbrunn schnell überregionale Anerkennung erhielt.

Die Erweiterung zu einem botanischen Garten erfolgte allerdings erst 30 Jahre später, als Mayer in einer Ausdehnung von über zehn Hektar eine Parkanlage schuf und damit die Baumschule zu einem botanischen Garten erweiterte. Hier pflanzte er nun neben einheimischen auch eine stattliche Anzahl fremdländischer Laub- und Nadelhölzer. Die Grünflächen schmückten Krokus, Tulpen und Ziersträucher, Rosenrabatten säumten die Kieswege und in der Nähe des Block-

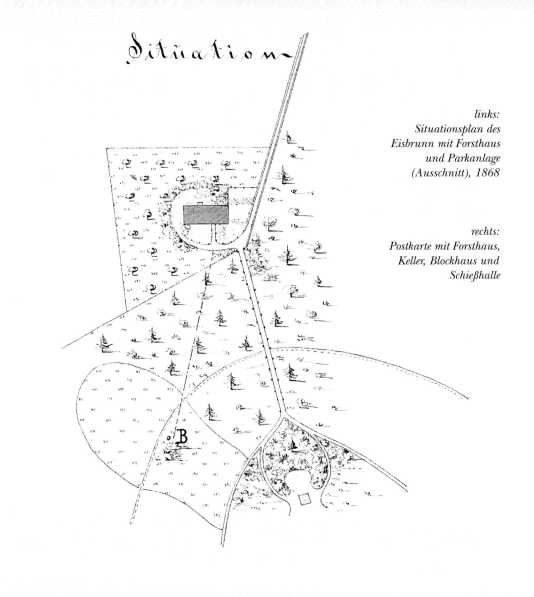

Situation

links:
Situationsplan des
Eisbrunn mit Forsthaus
und Parkanlage
(Ausschnitt), 1868

rechts:
Postkarte mit Forsthaus,
Keller, Blockhaus und
Schießhalle

hauses wurde ein Alpinum errichtet. Zwischen diesen Einzelelementen kamen Gruppen von Bäumen zu stehen: Tannen, Eiben, exotische Koniferen und Lebensbäume sowie verschiedene Eichen und Tulpenbäume. Neben den fürstlichen Parkanlagen zu Wallerstein, Baldern, Hohenaltheim und Seyfriedsberg konnte die fürstliche Forstverwaltung von hier aus auch die königlichen Schloss- und Hof-

Die fürstlichen Forstmänner Arnulf Häffner und Josef Herb (von links, aufrecht stehend), um 1930
Foto: Erika Häffner

gärten in München und auf Herren-
chiemsee mit Parkblumen und Bäumen
beliefern. Schnell wurde der Eisbrunn
zum Ziel von Exkursionen aus ganz Bayern
und Württemberg.

Die Gastwirtschaft

För das leibliche Wohl wurde in einem Bierkeller mit Gästehalle gesorgt. Hier konnten die zahlreichen Besucher ebenso bewirtet werden wie die Gewehrschützen, die wöchentlich auf dem Jagdschießstand mit den beiden Schaubahnen von achtzig Metern ein Wettschießen veranstalteten. Als Forstmeister Mayer im Oktober 1865 in den Ruhestand ging, war der Eisbrunn wohl noch nicht vollendet, aber sein Ruf als vortrefflicher Ort für forstbotanische Exkursionen ist damals schon weithin bekannt gewesen. Mayer war es von seiner Herrschaft gestattet worden, sein forstbotanisches Werk bis an sein Lebensende zu verwalten. Durch seinen frühen Tod am 3. Februar 1866 war ihm dies jedoch nicht mehr lange vergönnt. Sein Sohn, Oberförster in Mönchsdeggingen, konnte wohl noch das Alpinum

Abschluss der Hubertusjagd am 3. November 1952, von links nach rechts: Ewald Ganzenmüller (halb verdeckt), Hans Martin, Gerda Heuberger (Wirtin), Mayer aus Seyfriedsberg, Ernst Schneider, Heinrich Weng, August Hilbert, Michael Gnugesser, Arnulf Häffner, Hans Stengel vom Ziegeleiwerk Berg/Donauwörth, Direktor Alfred Schubert vom Märkerwerk Harburg.
Foto: Erika Häffner

Forsthaus (kleines Bild) und Ausflugsgruppe vor dem Schießhaus, um 1910
Foto: Erika Häffner

fertig stellen – dann aber wurden die Geldmittel für die Aufrechterhaltung der Anlage stark eingeschränkt. Die Folgen waren schnell zu erkennen: Der Park verfiel zunehmend und wurde vom Wildwuchs des nahen Waldes überwuchert. Die erste Blütezeit des Eisbrunn, der nun nur noch als Waldort behandelt wurde, war damit vorbei.

Forsthaus

Blockhaus

Gruß aus
Eisbrunn
bei Harburg
Post Mönchs-
deggingen

Schießhalle

Keller

*Postkarte mit Forsthaus, Blockhaus,
Schießhalle und Keller*

Eine Stätte der Gast-
lichkeit blieb der Ort
aber weiterhin. Vom
28. April 1871 da-
tiert die Konzes-
sionsurkunde für
die Gastwirtschaft,
in der von nun an
offiziell Speisen
und Getränke ge-
reicht wurden.
Initiator war wohl
Forstmeister Rudolph
Compter, die Konzession
dagegen erhielt Förster Präg.
Am 7. Mai 1871 wurde die Wald-
gaststätte Eisbrunn feierlich eröffnet
und somit der Allgemeinheit zugänglich
gemacht. Gleichzeitig war damit auch
ein idyllischer Platz für gesellschaftliche
und dienstliche Zusammenkünfte des ge-
samten Forstpersonals geschaffen worden.

Waldexkursion mit S.D. Fürst Eugen zu
Oettingen-Wallerstein (mit Maßkrug) und I.D.
Fürstin Marianne (links mit Hut), 1937
Foto: Erika Häffner

Ausschnitt der Postkarte
auf Seite 50

Aus dem Jahr
1904 ist eine
Beschreibung der
Anlage erhalten, in
der die Waldwirt-
schaft Eisbrunn als
Wirtskeller, Bierhalle und
Schießstand bezeichnet wur-
de. Bekannt ist, dass die hölzerne
Bierhalle 1872 erneuert werden musste.
Dagegen liegt ein gesichertes Baudatum
für den Wirtskeller nicht vor. Um die
Jahrhundertwende war offensichtlich kein
großer Betrieb auf dem Eisbrunn, denn
1904 betrieb die fürstliche Herrschaft die
Anlage nicht selbst, sondern hatte dem
Wirt von Schaffhausen in *„widerruflicher*
Weise und ohne Entgeld" gestattet, an Sonn-
und Feiertagen im Sommer Bier auszu-
schenken.

Die Erneuerung der Parkanlage

*„Kulturappell" mit Tanz und Gästen
am 1. Juni 1939, Foto: Erika Häffner*

In den 1920iger Jahren ging man erneut daran, die Parkanlage – allerdings in verkleinerten Ausmaßen – wieder herzustellen. 1929 wurde das Blockhaus durch einen größeren Holzbau ersetzt. Seitens des Forstamtes Mönchsdeggingen begann man wieder mit der Pflege der alten Parkanlagen, so dass im Juni 1934 unter Beteiligung von über 1500 Besuchern das hundertjährige Bestehen der Waldidylle Eisbrunn gefeiert werden konnte. Zwei Jahre später wurde das „Jägermal" mit dem St.-Hubertus-Bild eingeweiht und an anderer Stelle errichtete man einen neuen Schießstand. Von den Schießständen, die seit dem Ende des Zweiten Weltkrieges nicht mehr existieren, sind heute nur noch wertvolle Scheibenbilder erhalten. Über die Errichtung dieser Schießanlage liegt kein gesichertes Datum vor, doch ist anzunehmen, dass zumindest ein Schießstand schon 1863 bestanden hat, da in diesem Jahr von der „Herrichtung des Schießstandes" die Rede ist.

1957 wurde die alte Waldschenke auf Grund gewerbepolizeilicher Auflagen

völlig umgestaltet und erneuert. Während des Umbaus sollte am alten Stehausschank an der Straße ausgeschenkt werden. Dies insbesondere, so die Anregung des Fürsten, während der Pfingstfeiertage, weil zu dieser Zeit traditionell sehr viele Ausflügler den Eisbrunn aufsuchen. Emilie Heuberger, die den Eisbrunn von 1942 bis 1955 bewirtschaftete, berichtet, dass bei gutem Wetter schon am Karfreitag die Saison eröffnet wurde. Musikkapellen spielten

Waldschenke

Ausklang der Kulturarbeiten im Eisbrunn vor der alten Blockhütte
Foto: Erika Häffner

am Pfingstmontag zum Tanz auf, an den Maisonntagen kamen bereits in aller Frühe die ersten Ausflügler und während der Woche kehrten Schulklassen

Die Waldschenke auf einer Postkarte (Ausschnitt)

und Betriebsausflugsgruppen ein. Anfang Mai feierten die Förster mit den Waldarbeiterinnen den Abschluss der Pflanzarbeiten und im November fand die Hubertusjagd in der Waldschenke einen zünftigen Abschluss.

Der Forstgarten

Zwei Biologen veröffentlichten 1980 in der Zeitschrift „*Nordschwaben*" einen Artikel über die Pflanzen und

Baumbestände des Eisbrunn. Demnach waren an Laubgehölzen nachzuweisen:

- Tulpenbaum
- Rot-Eiche
- Edelkastanie
- Bastard-Platane
- Gemeiner Goldregen
- Schneebeere
- Wohlriechendes Geißblatt

An Nadelhölzern:
- Beeren-Eibe
- Stech- oder Blaufichte
- Orientfichte (Morgenländische-/Kaukasusfichte)
- Douglastanne (Grüne Douglasie)
- Österreichische Schwarzkiefer
- Küstentanne
- Kanadische Hemlocktanne
- Oregonzeder/Lawsons Scheinzypresse

Nicht zu vergessen sind die Zierformen der heimischen Gehölze wie z. B. die Hänge-esche sowie einige Eichen und Linden.
Wie andernorts haben auch im Eisbrunn die Orkane „Wibke" und „Lothar" in den Jahren 1990 und 1999 gewütet und beträchtlichen Schaden an dem wertvollen Baumbestand angerichtet.

Das Forsthaus

Das Forsthaus (Hegerhaus) Eisbrunn wurde 1869 erbaut. Es muss aber an der Stelle des Forsthauses bereits ein kleiner Vorgängerbau gestanden haben, denn bereits für die Jahre 1864 und 1866 ist von einem zukünftigen Ausbau der *„Unterförster- oder Hegerwohnung"* die Rede. Der für 1864 gestellte Kostenvoranschlag für die *„Vollendung des Wohn- und Stallungsgebäudes"* oder der im Jahr 1868 gefertigte Plan mit Kostenvoranschlag über den vollständigen Ausbau des Forsthauses nimmt eindeutig Bezug auf einen Vorgängerbau. Dieser ist in einer im Jahre 1852 errichteten Bedachung zur Unterbringung für Pferde, für die Wildfütterung und zum Schutz der Waldarbeiter und des Forstpersonals zu vermuten. 1856 fasste man den Plan zum

Ausbau dieser Schutzhütte, weil die Säulen aus Nadelholz, auf welchen der Schuppen stand, angefault waren. Um hier Abhilfe zu schaffen, wollte man gleich eine Mauer bauen und eine kleine Wohnung für einen Waldaufseher einrichten. Die benötigte Tür sowie vier Fensterstöcke wollte man aus dem halb verfallenen Taglöhnerhaus bei der früheren Mühle am Ursprung bei Hohenaltheim holen. Vorerst legte man die Pläne jedoch auf Eis, denn 1859 wurde seitens des Forstamtes dieselbe Bitte erneut vorgetragen. Prinz Karl zu Oettingen-Wallerstein willigte wohl ein, doch wurde mit dem Vorhaben erst 1861 begonnen. Offensichtlich verzögerten sich die Arbeiten, denn 1863 ist davon die Rede, dass noch einige grundlegende Arbeiten zu machen seien. Im Laufe des Sommers dieses Jahres sollten sie jedoch ausgeführt werden. Neue Pläne im Jahr 1864 bezogen sich auf die *„Vollendung des Wohn- und Stallungsgebäudes"*, womit offensichtlich die ehemalige Schutzhütte gemeint war. 1869 ging man an die Bauarbeiten. Vorher freilich wurde

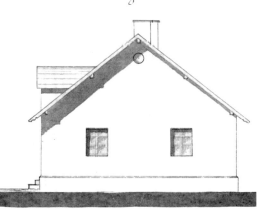

südl. Giebelseite.

nördl. Giebelseite.

*Die südliche Giebelseite des Forsthauses
vor dem Umbau 1885
Fürstlich Oettingen-Wallerstein'sches Archiv Harburg*

*Die südliche Giebelseite des Forsthauses
nach dem Umbau 1885
Fürstlich Oettingen-Wallerstein'sches Archiv Harburg*

die Wasserversorgung sichergestellt, indem man auf dem von Forstmeister Mayer bestimmten Platz einen Brunnen grub. Bereits im Januar war der ca. 50 Fuß (etwa 14,5m) tiefe Brunnen fertiggestellt. Aller-dings brachten starke Regengüsse den Brunnen zum Einsturz, so dass er noch einmal teilweise ausgehoben werden musste. Der alte schwefelhaltige Brunnen sollte weiterhin für die forstbotanische Anlage

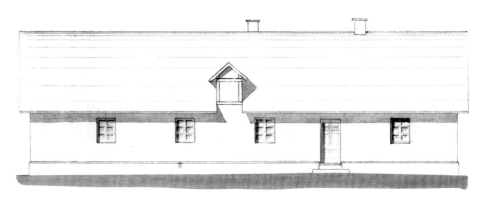

Hegerhaus Eisbrunn
vor dem Umbau.
Vorderansicht.

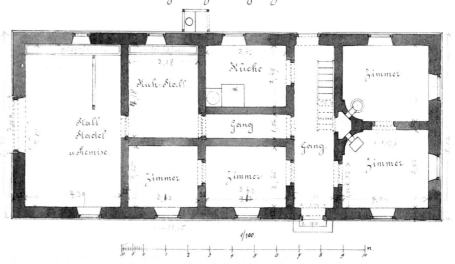

Grundriß vom Erdgeschoß.

Vorderansicht und
Grundriss des
Hegerhauses
(Jägerhauses)
vor dem Umbau
Fürstlich Oettingen-
Wallerstein'sches
Archiv Harburg

Kuh-Stall

Küche

Zimmer

Stall
Stadel
u Chemise.

Gang

Gang.

Zimmer

Zimmer

Zimmer

1/100.

Concessionsplan
zum Umbau am Hegerhaus Eisbrunn
Vorderansicht.

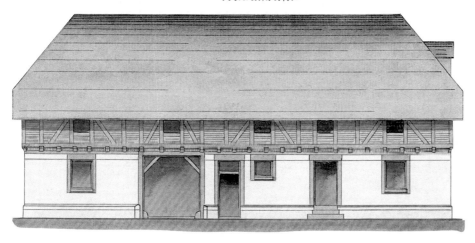

Erdgeschoss.

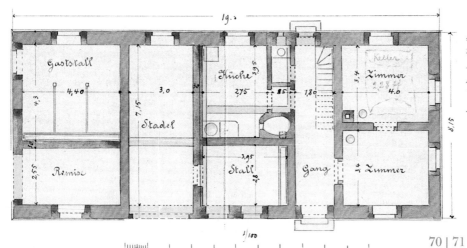

„Concessionsplan"
zum Umbau des
Hegerhauses 1885
Fürstlich Oettingen-
Wallerstein'sches
Archiv Harburg

Gaststall
4,40
Stadel
3,0
Küche
2,75
Keller
Zimmer
4,0
Remise
Stall
3,95
Gang
Zimmer
19,5
8,5

Das Forsthaus im Winter
Foto: Erika Häffner

in Gebrauch bleiben. Im April war der Keller des Hauses ausgehoben, und bereits im Juni war klar, dass der Forstgehilfe Präg aus Schaffhausen auf den 1. Juli im neuen Forsthaus einziehen sollte. Da aber die Arbeiten nicht recht zeitig abgeschlossen werden konnten, verzögerte sich sein Einzug.

Es war für den Forstgehilfen Präg anfangs keine leichte Zeit auf dem Eisbrunn. Bereits im ersten Winter klagte er über undichte Fenster und stellte die Bitte, dass vier neue Fensterstöcke im Wohn- und Schlafzimmer eingebaut werden. 1874 bat er darum, dass der Brunnen im Forstgarten hergerichtet werde, weil nur noch dieser etwas Wasser führte.

Der Brunnen beim Forsthaus war nämlich schon seit längerer Zeit ausgetrocknet. Wegen der Trockenheit war Präg auch gezwungen, sein Vieh bis nach Schaffhausen zur Tränke zu treiben. 1875 wurde an das Forsthaus ein Stadel angebaut, um genügend Platz zur Aufbewahrung und für das Dreschen des Getreides zu haben.

Seither war Präg nämlich gezwungen, zum Dreschen in die umliegenden Dörfer zu gehen. Mit dem Stadelanbau konnte dieser Missstand beseitigt werden.

Die heutige Form des Gebäudes stammt aus dem Jahr 1885. Damals wurde das Haus grundlegend umgebaut. Das Wappen des Fürstlichen Hauses Oettingen-Wallerstein an der Giebelseite mit der Jahreszahl 1885 erinnert an diesen Umbau. 1936 wurde das Forsthaus mit dem Harburger Telefonnetz verbunden. 1944 erfolgte der Anschluss an das Stromnetz, nachdem man eine Leitung von Schaffhausen bis zum Forsthaus gelegt hatte. Elf Jahre später, also 1955, wurde die Stromleitung zum Blockhaus weitergeführt.

Umfangreiche Renovierungs- und Erweiterungsbauten der Jahre 1995 bis 1996 vergrößerten den Speiseraum des Eisbrunn deutlich und schufen damit Platz für über 200 Personen. Auch die Anzahl der Sitzplätze im Freien wurde auf über 1000 aufgestockt.

Die Förster auf dem Eisbrunn

Wie bereits eingangs ausgeführt, folgte dem 1866 verstorbenen Forstmeister Johann Gottfried Mayer sein Sohn Karl Ferdinand in der

Nach verrichteter Arbeit – Jäger, Heger und Kulturfrauen bei der Brotzeit
Foto: Erika Häffner

Pflege des Eisbrunn. Dieser konnte das Erbe seines Vaters nur für kurze Zeit fortführen, da er 1870 im Alter von nur 48 Jahren verstarb. Sein Nachfolger auf dem Eisbrunn wurde Friedrich Präg, der 1869 in das neu errichtete Hegerhaus einzog. 1871 wurde Präg zum „Förster II. Klasse" ernannt. Ihm war gestattet worden, neben seiner Tätigkeit als Förster auch die Wirtschaft zu betreiben, doch wurde ihm 1875 von seiner Herrschaft angedeutet, dass seine Ehefrau die Wirtschaft führen möge, er soll sich hierbei weitgehend heraushalten. 1877 ging Friedrich Präg nach Kirchheim, sein Nachfolger auf dem Eisbrunn wurde der pensionierte Gendarm Matthias Billinger aus Reistingen, der damals in Harburg lebte. 1881 zog er nach Diemantstein. In seiner Nachfolge betreute Josef Ernst den Eisbrunn für die Jahre 1881–1895.

Heinrich Vonroth sen. kam 1895 nach Eisbrunn. Als er 1901 nach Christgarten wechselte, zog Balthasar Kucher in Eisbrunn auf. 1904 wurde Vonroth auf den Karlshof versetzt, um 1910 erneut nach Eisbrunn zu kommen. Damals

Fürstliche Forstmänner vor dem Forsthaus, von links nach rechts: August Hilbert, Hubert Ganzenmüller, Zöberlein, Josef Herb, Arnulf Häffner, Karl Greisel, Wilhelm Husel, 1931   Foto: Erika Häffner

tauschte er den Dienstsitz mit Balthasar Kucher, der nun von Eisbrunn auf den Karlshof wechselte. Heinrich Vonroth verstarb 1930. Sein Nachfolger auf dem Eisbrunn wurde Karl Greisel, der hier bis zu seiner Pensionierung 1949 blieb. Greisel verstarb 1956. Sein Nachfolger auf dem Eisbrunn wurde im Oktober 1949 Michael Gnugesser, der den Eisbrunn bis 1988 betreute. Seit seiner Pensionierung wohnt kein Förster mehr im Forsthaus Eisbrunn. Der Forstbezirk Eisbrunn wurde von nun an durch Oberförster Karl Herrle betreut und ab August 1993 durch Förster Hans Hafner.

Das Hubertusmarterl

Das „*Jägermal*", das heute noch an dem unmittelbar zur Waldschenke führenden Waldweg steht, stammt aus dem Jahr 1936. Am 3. November dieses Jahres wurde es eingeweiht. Der Bildstock mit dem Bild des Hubertusmotivs vor dem Hintergrund des Klosters Mönchsdeggingen ist eine Schöpfung des Nördlinger Kunstmalers Rudolf Mußgnug, eines Enkels des oettingen-wallersteinschen Oberforstrates Mangold. 1943 wurde das Marterl von Kunstmaler Reissner überholt. An den Zweck der Errichtung erinnert die Inschrift: „*Zum Gedächtnis weiland der gräflichen und fürstlichen Jägerei errichtet von Fürst Eugen zu Oettingen-Wallerstein anno Domini 1936.*"

Fürstliche Jäger am Hubertusmarterl
Foto: Erika Häffner

Heiliger Hubertus

Der hl. Hubertus, Bischof von Tongern-Maastricht, dem späteren Lüttich, wurde um 655 geboren und verstarb am 30. Mai 727. Er unternahm mehrere Missionsreisen in die Ardennen, wobei er gegen die damals dort üblichen „heidnischen" Jagdgebräuche vorging. Eine spätere Legende weiß, dass Hubertus während einer Jagd durch die Erscheinung eines Hirsches mit einem Kreuz im Geweih bekehrt worden ist. Dadurch wurde er zum Patron der Jäger und Schützenvereine.

Die untenstehende Strophe aus dem Gedicht „*Abschied*" von Joseph von Eichendorff lädt zu einem besinnlichen Verweilen ein.

„Da steht im Wald geschrieben
Ein stilles ernstes Wort
Von rechtem Thun und Lieben
Und was des Menschen Hort.
Ich habe treu gelesen
Die Worte schlicht und wahr
Und durch mein ganzes Wesen
Ward's unaussprechlich klar."

Pfarrer Hasel aus Hoppingen bei der Ein-
weihung des „Jägermals" am 3. November 1936
Foto: Erika Häffner

Fröhliche Jagdgesellschaft anlässlich des Abschlusses der Hubertus-
jagd. In der Mitte der letzten Reihe Forstmeister Arnulf Häffner
Foto: Erika Häffner

Quellen und Literatur

Alte Bürg

Gedruckte Quellen

Karl Puchner und Gustav Wulz, Die Urkunden der Stadt Nördlingen 1233–1349, Augsburg 1952
Dies., Die Urkunden der Stadt Nördlingen 1350–1399, Augsburg 1956
Walter E. Vock und Gustav Wulz, Die Urkunden der Stadt Nördlingen 1400–1435, Augsburg 1965
Walther E. Vock und Gustav Wulz, Die Urkunden der Stadt Nördlingen 1436–1449, Augsburg 1968
Richard Dertsch und Gustav Wulz, Die Urkunden der Fürstl. Oettingischen Archive in Wallerstein und Oettingen 1197–1350, Augsburg 1959

Urkunden

Fürstlich Oettingen-Wallerstein'sches Archiv Harburg, Zettelrepertorium Orte, Alte Bürg

Akten

Fürstlich Oettingen-Wallerstein'sches Archiv Harburg, A VIII. 23–2; Archivalakten, Repertorium 21, daraus insbesondere VI. 30c 4–1 und 4–2
Stadtarchiv Nördlingen, Reponierte Registratur H II.2 Nr. 6, 8, 10 und 13;
Verwaltungsbericht der Stadt Nördlingen für die Jahre 1920 und 1926, hrsg. vom Stadtrat Nördlingen

Literatur

Beschreibung des Oberamts Neresheim, Stuttgart 1872
Anton Diemand, Die Kapelle und ehemalige Klause auf der Altenbürg, in: Der Rieser Geschichtsfreund 20, 1922
Gustav Euringer, Auf nahen Pfaden, Lieferung VIII, Augsburg 1914, 2. Aufl.
Hans Frei und Günther Krahe (Hrsg.), Archäologische Wanderungen im Ries, Stuttgart und Aalen 1988, 2. Aufl., S. 134–137
Ludwig Mußgnug, Die Rieser Siedelungen, Alte Bürg, in: Der Rieser Heimatbote 12, 1925
H. Pfeifer, Turmhügel, Burgställe und Burgruinen im Ries, in: Führer zu Vor- und Frühgeschichtlichen Denkmälern, Band 41, Teil II: Exkursionen, Mainz 1979, S. 270–298

Eisbrunn

Akten

Fürstlich Oettingen-Wallerstein'sches Archiv Harburg, B II.1–1; VI. 55.13; Personalakten

Literatur

Rudolf Fischer und Lothar John, Der Forstgarten Eisbrunn, in: Der Daniel (Nordschwaben) 1, 1980, S. 25–26
Michael Frickhinger, Art. Ernst Christoph Frickhinger, in: Albert Schlagbauer und W.-D. Kavasch (Hrsg.), Rieser Biographien, Nördlingen 1993, S. 119–120
Arnulf Häffner, Forst- und Jagdgeschichte der fürstlichen Standesherrschaft Oettingen-Wallerstein (Erste Hälfte), in: Historischer Verein für Nördlingen und Umgebung, 16, 1932, S. 1–112
Ders., Forst- und Jagdgeschichte der fürstlichen Standesherrschaft Oettingen-Wallerstein (Zweite Hälfte), in: Historischer Verein für Nördlingen und Umgebung 17, 1933, S. 1–120
Ders., Die Waldidylle Eisbrunn, in: Der Daniel 1, 1967, S. 16–18
Hartmut Steger, Art. Joh. Gottfried Meyer, in: Albert Schlagbauer und W.-D. Kavasch (Hrsg.), Rieser Biographien, Nördlingen 1993, S. 247

Die Radl- und Wanderkarte
des Ferienlandes Donau-Ries
erhalten Sie in den Tourist-
Informationen und im
regionalen Buchhandel.

Arbeitsgemeinschaft
Ferienland Donau Ries
Pflegstraße 2
86609 Donauwörth
Tel: 0906/74211
info@ferienland.donau-ries.de
www.ferienland.donau-ries.de

Waldgaststätte „Alte Bürg"

73469 Riesbürg
Tel.: 0 90 81 / 60 44 14
Fax: 0 90 81 / 60 44 14

Ganzjährig geöffnet
Täglich ab 10.30 Uhr;
1. November bis 31. März Montag Ruhetag

Fürstl. Waldschenke „Eisbrunn"

86655 Harburg, OT Mauren
Tel.: 0 90 80 / 15 55
Fax: 0 90 80 / 9 12 49

Ganzjährig geöffnet
1. Mai bis 31. Oktober täglich ab 10 Uhr;
1. November bis 30. April
Donnerstag bis Sonntag und
an Feiertagen ab 10 Uhr